このほんのあそびかた

1 ターゲットの「ともだちはくま」や「セイレイさん」をさがしましょう。

2 ターゲットはページごとにちがいます。

3 めいろやまちがいさがしのミッションもあります。

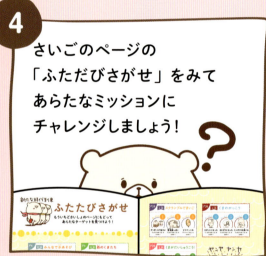

4 さいごのページの「ふたたびさがせ」をみてあらたなミッションにチャレンジしましょう！

こんなあそびかたもあります

* ターゲットの「ともだちはくま」をじぶんできめてともだちにミッションをだす
* ただながめて、ゆるかわでシュールな「ともだちはくま」にいやされる
* ぜんぶでなんびきの「ともだちはくま」がいるかかぞえてみる

ともだちはくま

すべておなじくまではないが、
すべてがべつのくまでもない。
せいべつはオス♂で、
しゅみは女装(じょそう)
とにかくくいしんぼうで、
大(だい)すきなサケへの思(おも)いを
うたにすることもある。

セイレイさん

やさいやくだものにそっくりだけど
それはかりのすがたかもしれない。
せいべつはふめい。
しゅみもふめい。
いつもはみえないけれど、
つねに「ともだちはくま」の
そばにいる。

初級

みんなで水あそび

今日は海へおでかけ。みんな自由にすごします。

水着ではしゃいでいる
「ともだちはくま」をさがせ！

ずっしりとかまえている
「ともだちはくま」をさがせ！

寝ている
「ともだちはくま」をさがせ！

初級

森のくまたち

今日は森の中を探検。楽しい発見がありそう。

 **お礼をしている**
「ともだちはくま」をさがせ！

 **重い氷をのせている**
「ともだちはくま」をさがせ！

 **しいたけの**
「セイレイさん」をさがせ！

初級
雪山で大はしゃぎ
雪がたくさんつもったので、くまたちは大はしゃぎ。

スコップを持っている
「ともだちはくま」をさがせ！

ハートの風船を持っている
「ともだちはくま」をさがせ！

ケーキの
「セイレイさん」をさがせ！

めいろ
ふしぎなめいろ
くまにぶつからないようにゴールを目指そう！

みつけよう！

バナナを食べる
「ともだちはくま」をさがせ！

ようせいになった
「ともだちはくま」をさがせ！

くみあわせ
おうちにおなじくま

おなじくみあわせのグループをみつけよう。

8ひきの「ともだちはくま」が、6ひきでひとつのグループになってひとつのおうちでくらしています。おなじ6ひきのくみあわせのグループがくらしているのは何番と何番のおうちでしょう？

遊園地へいこう！
はじめての遊園地にハイテンションのくまたち。

砂あそびをしている
「ともだちはくま」をさがせ！

風邪を引いちゃった
「ともだちはくま」をさがせ！

あめだまの
「セイレイさん」をさがせ！

中級

サケをもとめて川へ

川へきたくまたち。大好物のサケは見つかるかな？

ビーチボールを持っている
「ともだちはくま」をさがせ！

鏡を見ている
「ともだちはくま」をさがせ！

ちきゅーの
「セイレイさん」をさがせ！

中級
宇宙旅行にきました

新種のサケをさがしに宇宙へやってきたくまたち。

ターゲット 1

遠足気分の
「ともだちはくま」をさがせ！

ターゲット 2

宇宙服をきている
「ともだちはくま」をさがせ！

ターゲット 3

太巻きの
「セイレイさん」をさがせ！

イラストめいろ
おつかいできるかな

レジにたどりついてお金をはらいましょう。

1～9のどこかからスタートして、
A～Iのどこかにある
ゴールのレジをめざそう。
スタートの番号とゴールの
アルファベットは何でしょう？

ルール
とまと・きうい・こまつな・もも・おこめ・たまねぎ＆ぴーまん・くろわっさん・ぶり・しゅうまいの9種類の「ともだちはくま」と「セイレイさん」のうち、3種類だけをとおってすすみます。すすめるのはタテかヨコのみ。ナナメにはすすめません。1回とおったところはとおれません。

まちがいさがし

行列のできるお花や

プレゼントのお花を買うくまたちで大にぎわい。

オーバーオールを
きたたくさんの
「ともだちはくま」
たちがお花を
持って並んでいます。
この中にどこかが
ちょっとだけちがう
8ひきがまざって
いるので、
さがしてみましょう。

見本

さん みつけよう！

さくらの
「セイレイさん」をさがせ！

にんじんの
「セイレイさん」をさがせ！

スクランブルでまいご

ここは世界一有名な交差点。まいごのくまたちはどこだ？

モヤモヤしている
「ともだちはくま」をさがせ！

取りしまりをしている
「ともだちはくま」をさがせ！

おこめの
「セイレイさん」をさがせ！

くまたちの がっこう

くまたちが集まって楽しそう。あれ？一部の色が白黒になっちゃった！

ちこくしそうな
「ともだちはくま」をさがせ！

雪を食べている
「ともだちはくま」をさがせ！

ながねぎの
「セイレイさん」をさがせ！

上級
くまがだいしゅうごう！
たくさんのともだちはくまがしゅうごうする不思議な世界。

ターゲット1
キリッとしている
「ともだちはくま」をさがせ！

ターゲット2
四足歩行の
「ともだちはくま」をさがせ！

ターゲット3
たまごの
「セイレイさん」をさがせ！

ふたたびさがせ

新たな時代到来

もういちどさいしょのページにもどって
あらたなターゲットを見つけよう！

P4 初級 みんなで水あそび
- ターゲット1 ポカーンとしている「ともだちはくま」をさがせ！
- ターゲット2 ねころがっている「ともだちはくま」をさがせ！
- ターゲット3 とまとの「セイレイさん」をさがせ！

P6 初級 森のくまたち
- ターゲット1 怖い話をしている「ともだちはくま」をさがせ！
- ターゲット2 寝起きの「ともだちはくま」をさがせ！
- ターゲット3 たまねぎの「セイレイさん」をさがせ！

P8 初級 雪山で大はしゃぎ
- ターゲット1 お茶を飲む「ともだちはくま」をさがせ！
- ターゲット2 かがみもちの「ともだちはくま」をさがせ！
- ターゲット3 さむがる「ともだちはくま」をさがせ！

P14 中級 遊園地へいこう！
- ターゲット1 ぬいぐるみを持った「ともだちはくま」をさがせ！
- ターゲット2 何かをうかがう「ともだちはくま」をさがせ！
- ターゲット3 なすの「セイレイさん」をさがせ！

P16 中級 サケをもとめて川へ
- ターゲット1 メイドにコスプレした「ともだちはくま」をさがせ！
- ターゲット2 ぱんつをはいた「ともだちはくま」をさがせ！
- ターゲット3 にんじんの「セイレイさん」をさがせ！

P18 中級 宇宙旅行にきました
- ターゲット1 石になった「ともだちはくま」をさがせ！
- ターゲット2 はずかしがっている「ともだちはくま」をさがせ！
- ターゲット3 おでんを食べる「ともだちはくま」をさがせ！

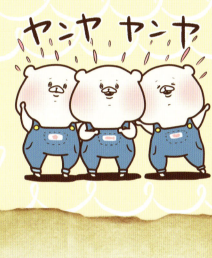

さいきたむむ

イラストレーター。LINEスタンプクリエーターとして活躍し、
大人気キャラクター「ともだちはくま」は、
グッズ、カフェ、企業コラボなど幅広く展開。
Twitter（@tamsorogi）のフォロワー数は13万人越え。

BOOK STAFF

編集	今井綾子　矢ヶ部鈴香　海平里実（オフィスアビ）
装丁・デザイン	岡田聡美　日笠榛佳（i'll Products）
協力	ジグノシステムジャパン
写真協力	Shutterstorck

ともだちはくまをさがせ！
2019年11月20日　第1刷発行

著者	さいきたむむ
発行者	吉田芳史
印刷・製本所	図書印刷株式会社
発行所	株式会社日本文芸社
	〒135-0001
	東京都江東区毛利2-10-18 OCMビル
	TEL. 03-5638-1660［代表］
	内容に関するお問い合わせは、小社ウェブサイト
	お問い合わせフォームまでお願いいたします。
URL	https://www.nihonbungeisha.co.jp/

©さいきたむむ／©GignoSystem Japan,Inc.
Printed in Japan　112191109-112191109⑩01　（390032）
ISBN 978-4-537-21740-7

編集担当：上原

乱丁・落丁などの不良品がありましたら、小社製作部宛にお送りください。送料小社負担にておとりかえいたします。
法律で認められた場合を除いて、本書からの複写、転載（電子化含む）は禁じられています。
また、代行業者等の第三者による電子データ化および電子書籍化は、いかなる場合も認められていません。